Inhalt

W0228526

Das „Dritte Reich" und die Archäologie – von Geschichtsverfälschungen bis zu Ausgrabungen in Gedenkstätten heute

Vorwort

Die 21. März-Tagung des Referats III bei der Hessischen Landeszentrale für politische Bildung stand 2014 unter dem Motto: Das „Dritte Reich" und die Archäologie – von Geschichtsverfälschungen bis zu Ausgrabungen in Gedenkstätten heute.

Die Interpretationen archäologischer Grabungen und Funde sind immer aus ihrer Zeit heraus zu betrachten. Dies gilt nicht nur für die wissenschaftlichen Methoden und Erkenntnisse, sondern auch für die Ideologie. Besonders deutlich wird dies am Beispiel des Nationalsozialismus. Wissenschaftler ließen sich vom Staat instrumentalisieren und passten archäologische Funde fast widerstandslos und dreist der Ideologie des Dritten Reichs an. Mit der Erfindung des „hünenhaften, blonden und blauäugigen Germanen" und eines so nie existierenden Germanentums fügten sie dieser Wissenschaft einen irreparablen Schaden zu, der in Teilen bis heute nachwirkt.

Wie dieses System funktionierte und sich auswirkte – in Teilen bis heute auswirkt, welche Personen und Organisationen dahinter steckten, wie nicht nur ganze Schülergenerationen sondern die komplette Bevölkerung indoktriniert wurden, und was Ausgrabungen in heutigen Gedenkstätten für Opfer des Nationalsozialismus bedeuten – aber auch an NS-Täterorten, und welche Erkenntnisse für deren Arbeit sie bringen, zeigten die Referentinnen und Referenten in ihren Vorträgen sehr eindrücklich.

Zwei beispielhafte Beiträge dieser Tagung sollen in diesem Heft vorgestellt werden: Judith Schachtmann erläutert, wie Zwangsarbeiter bei archäologischen Grabungen eingesetzt wurden, ein bisher nur wenig erforschtes Gebiet, und Dana Schlegelmilch befasst sich mit dem Geschichtsbild der extremen Rechten heute und macht deutlich, dass mit dem Ende der NS-Zeit deren ideologisches Weltbild leider bis heute seine Wirkung zeigt.

Dr. Monika Hölscher

Judith Schachtmann, M.A., Berlin

Zwangsarbeit in der deutschen Prähistorischen Archäologie während des Nationalsozialismus

Einleitung

Seit etwa 20 Jahren setzt sich die deutsche Prähistorische Archäologie vermehrt mit ihrer eigenen nationalsozialistischen Fachgeschichte auseinander. Nachdem zunächst Themen wie die Entwicklung einzelner archäologischer Institutionen und Biographien von Fachwissenschaftlern untersucht wurden, finden nun zunehmend auch andere Themen das Interesse der Forschung. Im Zusammenhang mit der Aufarbeitung archäologischer Ausgrabungen, vor allem während der Kriegsjahre, werden immer wieder Zwangsarbeitereinsätze erwähnt, eine umfassende Zusammenstellung steht jedoch hierzu noch aus.[1] Dies überrascht, da sich auch in der zeitgenössischen Fachliteratur zahlreiche Hinweise zu Ausgrabungen mit Zwangsarbeitern für den gesamten Zeitraum des Nationalsozialismus finden lassen und es sich hierbei nicht um Einzelphänomene handelt, sondern ein verbreitetes Vorgehen vermuten lässt. Der folgende Beitrag möchte daher einen ersten Überblick über dieses Thema mit Beispielen aus Deutschland, Österreich und Frankreich geben.

Nach bisherigen Recherchen lassen sich drei Gruppen von Zwangsarbeitern für die Prähistorische Archäologie erkennen, nämlich Häftlinge aus Konzentrationslagern, Straf- und Kriegsgefangene. Der Einsatz von zivilen Zwangsarbeitern, Juden sowie Sinti und Roma konnte bisher noch nicht nachgewiesen werden. Des Weiteren erwähnen die Quellen nur männliche Zwangsarbeiter, ob auch Frauen oder Kinder eingesetzt wurden, ist ebenfalls nicht bekannt.

Bevor einzelne Beispiele vorgestellt werden, soll zuvor noch kurz die allgemeine Quellenlage skizziert werden. Die nachfolgenden Beispiele stellen mehrheitlich Zufallsfunde dar. Sie sind Grabungsdokumentationen, Korrespondenzen einzelner Wissenschaftler, zeitgenössischen Publikationen und ähnlichem entnommen. Interessenbedingt liegt der geographische Schwerpunkt in Sachsen.[2] Der Informationsgehalt der Quellen ist in den meisten Fällen sehr dürftig, denn oftmals geht er über die Erwähnung der Zwangsarbeiter bei der Ausgrabung nicht hinaus. Tiefergehende Informationen wie etwa die Behandlung der Zwangsarbeiter durch die Archäologinnen/Archäologen beziehungsweise Ausgräberinnen/Ausgräber fehlen genauso wie Darstellungen der Zwangsarbeiter bei der Verrichtung ihrer Arbeiten und detaillierte Angaben über den finanziellen und materiellen

Gewinn für das Fach. Andererseits steht die Aufarbeitung noch am Anfang und längst sind noch nicht alle Quellen hierzu erschlossen und ausgewertet.

Häftlinge aus Konzentrationslagern

Der erste bekannte Einsatz von Zwangsarbeitern auf Ausgrabungen ist bereits im Herbst 1933 nachweisbar. Bei der Fortführung von Grabungsarbeiten in Colditz (Sachsen), die 1932 von städtischen Arbeitern begonnen wurden, setzte man im September und Oktober 1933 fünf Häftlinge aus dem Konzentrationslager Colditz ein. Das Konzentrationslager Colditz gehörte zu den sogenannten „frühen Konzentrationslagern" und war zwischen März 1933 und August 1934 im Colditzer Schloss eingerichtet.[3] Wie bei anderen „frühen Konzentrationslagern" auch liegen nur wenige Angaben über das Lager vor. Neben dem Gefangenenbuch[4], das die Eingangs- und Abgangsdaten der Gefangenen aufführt, finden sich Hinweise über die Grabungsarbeiten der KZ-Häftlinge in der „Leipziger Abendpost"[5] und der archäologischen Fachzeitschrift „Die Fundpflege".[6] Des Weiteren erwähnt der im sächsischen Landesamt für Archäologie erhaltene Grabungsbericht, der etwa fünf Jahre nach der Grabung entstand, den Einsatz der KZ-Häftlinge.[7] Die im Bericht als Kommunisten bezeichneten Häftlinge legten während der zweimonatigen Grabung eine Fläche von 125 qm mit 14 jungbronzezeitlichen Gräbern frei. Überwacht wurden sie dabei von der SA. Grabungsleiter der Kampagne in dem Jahr 1933 war der Lehrer und Kreisvolkstumswart Rudolf Irmscher (?–?), der von Georg Wilke (1859–1938), einem Pionier der sächsischen Vorgeschichte und Weggefährte Gustaf Kossinas (1858–1931), beraten wurde. Nach Beendigung der Grabungsarbeiten nahmen die Häftlinge die Sortierung, Zusammensetzung und museumsgerechte Ergänzung der Scherben vor und restaurierten etwa 40 Gefäße. Diese sollten später im Heimatmuseum Colditz ausgestellt werden.

Für den Einsatz der Häftlinge auf der Grabung hatte sich der Gauinspektor und Kreisleiter der NSDAP für Grimma und Landtagsvizepräsident Otto Naumann (1895–nach 1945?) stark gemacht. Naumann wollte sich außerdem bei den zuständigen Stellen für die Verwendung von KZ-Häftlingen bei der Wiederherstellung urgeschichtlicher und volkskundlicher Gegenstände beziehungsweise deren Nachbildung einsetzen. Denn schon vor Einführung des sächsischen Denkmalschutzgesetzes (Gesetz zum Schutz von Kunst-, Kultur- und Naturdenkmalen) im Januar 1934 war ersichtlich, dass Bodendenkmalpflege und Museumswesen auch für die Nationalsozialisten viel zu kostspielig seien, wenn die Vergütung des Personals nach Stundenlohn erfolgen würde.[8] Ob es bei dieser Planung blieb oder ob sie auch umgesetzt wurde, ließ sich bislang nicht ermitteln.

Im Gegensatz zu Colditz sind die Ausgrabungen des urnenfelderzeitlichen Gräberfeldes in Gusen (Österreich), die ebenfalls mit Hilfe von KZ-Häftlingen durchgeführt wurden, auch jüngeren Fachwissenschaftlern bekannt. 1992 hatte die Grabungsleiterin Hertha

Archäologische Grabungen in Gusen   *Quelle: BMI Österreich/Fotoarchiv der*
                                                           KZ-Gedenkstätte Mauthausen

Ladenbauer-Orel (1912–2009) über die Ausgrabungen und deren besondere Umstände in der Fachzeitschrift Archaeologia Austriaca selbst berichtet.[9] Obwohl mit ihrer Veröffentlichung eine erste archäologische Fundauswertung vorgelegt wurde, steht die fachgeschichtliche Auswertung dieser Ausgrabung noch aus.

Anders als das Konzentrationslager Colditz wurde Gusen erst während des Zweiten Weltkrieges am 25. Mai 1940 eingerichtet und bestand bis zum 5. Mai 1945.[10] Ausschlaggebend für die Standortwahl waren die Granitsteinbrüche, die vom SS-Unternehmen „Deutsche Erden und Stein" ausgebeutet wurden und in denen die Häftlinge arbeiteten. Für den Transport der Steine vom Steinbruch zum Bahnhof St. Georgen wurde von den Häftlingen eine Bahnstrecke angelegt.[11] Bei dem Bau dieser Bahnanlage legten die Häftlinge 1941 erste Funde frei. Nachdem der Leiter der Abteilung für Bodenaltertümer des Wiener Instituts für Denkmalpflege Kurt Willvonseder (1903–1968) im Frühjahr 1942 von den Funden erfuhr, setzte er sich über die SS in Berlin mit dem Leiter des Konzentrationslagers Gusen, Karl Chmielewski (1903–1991), in Verbindung. Während eines Besuchs Willvonseders Ende Mai 1942 in Gusen wurden die bisherigen Funde zur „SS Sammlung Gusen" erklärt. Ausgrabungen fanden jedoch erst im Oktober 1942 unter der Leitung Hertha Ladenbauer-Orels statt. Unterstützt wurde sie von polnischen Häftlingen, die hierzu von der Leitung des Konzentrationslagers ausgewählt wurden. Neben ihren Grabungstätigkeiten fertigten die Häftlinge für die Lagerleitung und für verschiedene

Dienststellen Fundkalender für die Jahre 1942 und 1943 an. Für die Reichsleitung der SS erstellten sie 1942 einen eigenen Kalender mit 85 beschrifteten Zeichnungen und Fotos.

Am 5. Oktober 1944 wurde die „SS Sammlung Gusen" einer allgemeinen Luftschutzbergung angeschlossen und alle bearbeiteten Funde nach Wien verschickt, die unbearbeiteten Funde verblieben vor Ort.

Trotz des Beitrages von Ladenbauer-Orel bleiben viele Fragen unbeantwortet. So schreibt sie beispielsweise nichts über die auf der Grabung eingesetzten Häftlinge, ihre Arbeitsbedingungen und ihre Behandlung auf der Grabung und in der Fundbearbeitung. Ebenso unklar ist die Frage nach einer möglichen Sonderstellung der Häftlinge innerhalb des Konzentrationslagers, denn das Lager war für seine brutale Gewalt und die hohe Sterberate bekannt. Weiterhin fehlen in ihrer Arbeit Informationen über das im Lager eingerichtete Museum. Erst eine eingehende Bearbeitung aller Quellen kann hier weitere Kenntnislücken schließen.

Archäologische Grabungen in Gusen   *Quelle: BMI Österreich/Fotoarchiv der*
KZ-Gedenkstätte Mauthausen

Hinweise auf weitere Ausgrabungen, die mit KZ-Häftlingen durchgeführt wurden, könnten Fundmeldungen wie die vom Gelände des Konzentrationslagers Buchenwald in Thüringen geben. So heißt es beispielsweise in den Fundmeldungen der thüringischen Zeitschrift „Der Spatenforscher" 1939 „[...] Ettersberg: Gelände des Konzentrationslagers: Lehrer i.R. Zöllner, Weimar, meldete bandkeramische Gefäße. NI (Nichtindogermanen, JS). Konzentrationslager meldete von der gleichen Stelle bronzenes Tüllenbeil und bronzenes Lappenbeil. I. (Illyrer, JS) [...]".[12] Doch außer diesen beiden Fundmeldungen ließen sich bislang keine konkreten Belege, wie Grabungsberichte o.ä. dazu finden.

Einsätze von Strafgefangenen

Über die Gruppe der Strafgefangenen liegen ebenfalls nur sehr wenige Beispiele vor. Ein erstes Beispiel ist aus Brandenburg bekannt.[13] Bei Ausgrabungen des Landesamtes für Vor- und Frühgeschichte zwischen Juni 1938 und März 1939 auf dem Baugelände einer Berufsfachschule in Königswusterhausen waren kurzzeitig sechs Strafgefangene „zum Erde abführen" eingesetzt[14]. SS-Oberscharführer Paier[15], der einen Abschnitt der Ausgrabungen leitete, hatte sich in Absprache mit dem Direktor des Landesamtes Lothar Zotz (1899–1967) und dem Amtsgericht in Königswusterhausen auf den Einsatz der Strafgefangenen als Grabungshelfer verständigt. Nähere Informationen sind leider auch hier nicht überliefert.

Ein zweites Beispiel stammt aus Niedersachsen. Als Marie[16] Luise Schlicht (1908–1980) 1942 Ausgrabungen im Hümmling einleitete, erhielt sie vom SS Ahnenerbe eine finanzielle Unterstützung in Höhe von 6000 RM.[17] Ihre Schwester, Elisabeth Schlicht (1914–1989), die die Grabungsleitung übernahm, bekam vom Ahnenerbe einen Ausweis ausgestellt, mit dem sie Unterstützung bei ihren Forschungsarbeiten erhalten sollte.[18] Im Gegenzug sollte ein umfassender Bericht über die Grabungen in der Zeitschrift „Germanien" veröffentlicht werden. Andere Publikationen wiederum hätten der Genehmigung durch das Ahnenerbe bedurft.[19]

Für die Ausgrabungen führte Elisabeth Schlicht im Oktober 1942 mit dem Kommandeur der Strafgefangenenlager eine Verhandlung über den Einsatz von Gefangenen aus dem Lager I Börgermoor.[20] Die Bereitstellung der Gefangenen erfolgte „[...] von Mitte Dezember bis Weihnachten [1942, JS] durchgehend und vom 17.3.–15.4. [1943, JS] mit 11tägiger Unterbrechung [...]".[21] Neben den Strafgefangenen arbeiteten auch Kriegsgefangene, Arbeiter und Schüler der Nationalpolitischen Erziehungsanstalt Haselünne als Grabungshelfer bei den Ausgrabungen mit.[22]

Um die Ausgrabungen auch weiterhin durchführen zu können, wandte sich Marie Luise Schlicht Ende April 1943 abermals an das Ahnenerbe und bat um Unterstützung für die erneute Bereitstellung von Strafgefangenen für die „Erdbewegungen".[23] Das Ahnenerbe wiederum kam der Bitte nach und bat seinerseits in einem Schreiben den Leiter des Strafgefangenenlagers Papenburg, Hans-Georg Hildebrandt, um den Einsatz von zehn Gefangenen.[24] Möglicherweise befanden sich darunter wehrmachtsverurteilte Soldaten, denn Marie Luise Schlicht schreibt, dass sie „[...] in der letzten Zeit [...] 10 Soldaten [auf der Grabung hatte, JS], die jetzt gut eingearbeitet sind."[25]

Leider sind für dieses Beispiel keine genauen Tätigkeitsabläufe und Informationen über die eingesetzten Gefangenen erhalten wie auch Hinweise auf die Behandlung der Gefangenen selbst. Interessant in diesem Zusammenhang ist auch die Frage, wie sich Elisabeth Schlicht als weibliche Archäologin mit den männlichen Strafgefangenen arrangierte und, ob sie vielleicht bewaffnet war. Gleiches gilt natürlich auch für Ladenbauer-Orel.

Kriegsgefangene

Zahlenmäßig und inhaltlich liegen die meisten Informationen zu Kriegsgefangenen vor. Kriegsgefangene können nach ihrem Dienstgrad und ihren Fähigkeiten als Arbeitskräfte verwendet werden. Ausgenommen davon sind jedoch Arbeiten in der Rüstungsindustrie und Arbeitseinsätze von Offizieren. Dennoch wurde auch versucht, so zeigt es das Beispiel des sächsischen Landesgeologen Rudolf Grahmann (1888-1962) aus Freiberg, archäologisch qualifiziertes Offizierspersonal für die Bearbeitung von paläolithischen Funden aus Markkleeberg zu erhalten.[26] Grahmann besprach sich aus diesem Grund 1942 mit dem sächsischen Landespfleger für Bodenaltertümer Georg Bierbaum (1889-1953), wie er zwei ihm namentlich bekannte internierte französische Offiziere mit archäologischen Kenntnissen anfordern könne: „[...] und da es sich in beiden Fällen um Offiziere handelt, brauchen sie ja wohl auch nicht zu arbeiten. Das schließt aber nicht aus, daß sie vielleicht doch Interesse hätten, aus der Langeweile des Lagers herauszukommen. Wenn es eine Möglichkeit gäbe, daß Du diese Fachleute in den Zwinger bekämst, so würde mir natürlich sehr viel daran gelegen sein, wenn sie dort für mich Markkleeberger Stücke zeichnen könnten, damit meine Arbeit gefördert wird. Es läßt sich dann vielleicht zwischen uns eine entsprechende Vereinbarung treffen [...]."[27] Bierbaum bemühte sich in der Dienststelle des Kommandeurs der Kriegsgefangenen beim Wehrkreiskommando IV in Dresden um Informationen wie die beiden Offiziere angefordert werden könnten.[28] Ob Grahmann letztendlich erfolgreich war, wird aus der Dokumentation nicht ersichtlich.

Bei den meisten Kriegsgefangeneneinsätzen in der Bodendenkmalpflege handelt es sich um einfache Soldaten, überwiegend französische Kriegsgefangene. Hinweise auf polnische[29], sowjetische[30] und serbische[31] Kriegsgefangene liefern beispielsweise die Ortsakteneinträge von Murg (Baden-Württemberg) in den Jahren 1941 bis 1942.

Nach dem jetzigen Erkenntnisstand können zwei Arten von Grabungseinsätzen unterschieden werden: Erstens, der direkte und geplante Einsatz auf Ausgrabungen wie im Fall von Welli (Niedersachsen) 1942. Hier hatte man im Sommer 1940 mit der Bergung eines früheisenzeitlichen Gräberfeldes begonnen. Da aber eine größere Ausgrabung auf Grund des Arbeitskräftemangels nicht durchgeführt werden konnte, plante man schließlich für 1942 eine Grabung mit Kriegsgefangenen.[32] Auch Hans Reinerth (1900–1990), Professor an der Berliner Universität und Leiter des Reichsbundes für Deutsche Vorgeschichte, setzte bei seinen Ausgrabungen an der Fundstelle Hunte I am Dümmer von Juni bis August 1940 eine unbekannte Anzahl französischer Kriegsgefangener aus dem Lager in Escholt ein.[33] Ein Jahr später, im Juli 1941, kamen bei den Versuchsgrabungen an der Fundstelle Hunte IV wiederum zwei französische Kriegsgefangene zum Einsatz.[34]

Zweitens wurden Kriegsgefangene vor allem in kriegswichtigen Wirtschaftszweigen eingesetzt. Das betraf im besonderen Maße Arbeiten im Straßen- und Gleisbau, in Steinbrüchen, Kiesgruben und ähnlichen. Die dabei zufällig entdeckten Funde wurden von den Kriegsgefangenen geborgen, da Grabungsarbeiter hierfür nicht zur Verfügung standen. So wurden beispielsweise in Schönburg (Sachsen-Anhalt) im Oktober 1940 bei der Abtragung von Erd- und Felsmassen im Vorfeld der Verbreiterung einer Eisenbahnstrecke eine unbekannte Anzahl französischer Kriegsgefangener, die für die Firma Mühlhaus und Schulze aus Weißenfels tätig waren, zum Oberflächenabtrag eingesetzt.[35] Als bei den Arbeiten archäologische Funde einer mehrphasigen Siedlung entdeckt wurden, wurde die Hallenser Landesanstalt für Volkeitskunde verständigt und der Vorgeschichtler Wilhelm Albert von Brunn (1911–1988) nahm die Befunddokumentation auf. Von Brunn machte in seinem Grabungsbericht die Gefangenen mehrfach für den schlechten Erhaltungszustand der Befunde verantwortlich. So notierte er in seinem Grabungsbericht „[...] Grube 16 und 17 wurden im Profil von den Gefangenen zerstört, ohne Funde zu erbringen [...]".[36] Wenige Zeilen weiter heißt es: „[...] Grube 70 wurde falsch ausgehoben [...]".[37] Dass die Gründe hierfür sicherlich in der mangelnden Einweisung, der fehlenden Erfahrung bzw. Verständigung ihre Ursache haben könnten, wurde von ihm nicht erwähnt. Dass Letzteres durchaus ein Problem war, verdeutlicht das Beispiel des paläolithischen Fundplatzes in Murg (Baden-Württemberg): „[...] Wie man mir sagte, werden in der kommenden Woche die für Murg bestimmten Russen eintreffen, sodass ich in den nächsten Tagen bei Michel in Murg vorsprechen werde. Haben wir schon mit den Polaken ein Gaudi gehabt, bis sie begriffen hatten, dass ein Feuerstein kein Mammuta ist, so wird es bei den Moskowitern noch größere Sprachschwierigkeiten geben. Aber sie müssen überwunden werden [...]".[38]

Die bislang umfangreichste und detaillierteste Überlieferung von Ausgrabungen mit Zwangsarbeitern liegt von der Coschützer-Heidenschanze (Sachsen) vor.[39] Die Heidenschanze ist ein Syenitplateau am Rande Dresdens, auf dem sich mehrere Siedlungsanlagen aus der Mittleren bis Jungbronze- und frühen Eisenzeit sowie der slawenzeitlichen Periode befinden. Seit Ende des 19. Jahrhunderts wurden entlang der Plateaukanten Steinbrüche betrieben. Allein bis 1945 zerstörten die Steinbrüche von dem ehemals schätzungsweise 30.000 Quadratmeter großen Siedlungsareal ca. 10.000 Quadratmeter. Aufgrund der zahlreichen Oberflächenfunde auf dem Plateau und durch frei gelegte Funde in den Steinbrüchen wurde die Heidenschanze zu einer begehrten und viel besuchten Fundstelle. In den Jahren 1933 und 1934 fanden Forschungsgrabungen auf der Heidenschanze statt, die von einer intensiven Öffentlichkeitsarbeit begleitet wurden. Während dieser Zeit entstanden zahlreiche Zeitungsartikel, ein Rundfunkgespräch sowie ein Kurzfilm[40]. Beide Kampagnen trugen zur überregionalen Bekanntheit der Fundstelle bei. Nicht zuletzt verdankt die Heidenschanze der Öffentlichkeitsarbeit ihre Unterschutzstellung im Jahr 1936. Die Steinbrucharbeiten wurden daraufhin weitestgehend eingestellt. Mit Beginn des Zweiten Weltkrieges jedoch wurden die Steinbrucharbeiten als kriegswichtig eingestuft und erneut aufgenommen. Vom 9. Dezember 1940 bis 8. Mai 1941 fand daher eine größere Abdeckung im Steinbruch Hurban im Vorfeld der Sprengungen statt.

Da sich die Mitarbeiter des Archivs urgeschichtlicher Funde aus Sachsen, der Vorgängerinstitution des heutigen Sächsischen Landesamtes für Archäologie, im Kriegseinsatz befanden, wurde die Grabungsleitung dem Hilfsarbeiter und Zeichner Hermann Dengler (1890–1945) übertragen. Dengler war ausgebildeter Modelleur und Zeichner mit einem starken Interesse für Indianer. Er hatte als Zeichner an Expeditionen nach Brasilien und Peru teilgenommen. 1928 katalogisierte er Objekte am Karl-May-Museum in Radebeul bevor er noch im selben Jahr an das Archiv urgeschichtlicher Funde wechselte. Durch seine langjährige Tätigkeit in der sächsischen Bodendenkmalpflege und im Landesmuseum war er bestens mit der prähistorischen Forschung vertraut. Auf seinen Reisen hatte Dengler Französisch gelernt, was ihm bei der Abdeckung 1940/1941 zu Gute kam, da dort bis zu zwölf französische Kriegsgefangene für Sprengungen, Messungen und Grabungsarbeiten eingesetzt wurden. Diese waren höchstwahrscheinlich der Steinbruchfirma Hurban als Arbeiter zugewiesen. In den Ortsakten des Landesamtes für Archäologie sind die Namen der Kriegsgefangenen, ihre Heimatadressen, Berufsstand und Dienstgrad in der Armee überliefert.[41] Am 9. Dezember 1940 begannen die Abräumarbeiten der Oberfläche. Das Abtragen des Oberbodens erfolgte in einem 8 bis 10 m breiten und 60 m langen Streifen entlang der Bruchkante des Plateaus. Die Kriegsgefangenen standen dabei unter der „Aufsicht und Anleitung" des tschechischen Vorarbeiters Josef Wiszocki.[42] Neben Sprengungen, Messungen und Räumungen führten sie auch regelmäßig Fundbergungen durch. Obwohl Dengler nicht ständig bei den Arbeiten anwesend sein konnte, gelang es ihm mit einer in Französisch gehaltenen Ansprache am 23. Dezember 1940, die Arbeiter dazu zu motivieren, auch auf unscheinbare Funde und Strukturen zu achten und diese zu dokumentieren. Belegt wird dies durch die Sonderfundliste: Während des gesamten Grabungszeitraums bargen sie neben gewöhnlichen Funden wie Scherben oder Tierknochen ca. 130 Sonderfunde außergewöhnlicher Qualität. Darunter befanden sich u.a. Knochen- und Bronzenadeln sowie steinerne Anhänger und Gefäße.[43]

Ihre Arbeit verrichteten die Kriegsgefangenen häufig unter lebensgefährlichen Umständen: So auch bei der Auffindung des sogenannten „Depotfunds eines prähistorischen Sammlers", bestehend aus vier runden Steinen, einer kleinen Hacke, einer Spitze eines Schuhleistenkeils und eines Schuhleistenkeils am 7. März 1941. Der Grabungsbericht vermerkt dazu: „[...] Der Franzose Montjarret, der die gefährliche Randarbeit – der Steilsturz beträgt an dieser Stelle rund 70m.! – besorgte, fand ihn [...]."[44] Das betraf nicht nur diese, sondern sämtliche Arbeiten auf der Heidenschanze. Erschwerend kam hinzu, dass aufgrund des bis in den April anhaltenden Schnees und Frostes der Oberboden nur durch Sprengungen abgetragen werden konnte. „[...] Die meiste Zeit herrschte starker Frost, die Erde war bis über ½ m hart gefroren. Es musste wie schon erwähnt, gesprengt werden, und es ist klar, dass die Leute, wenn sie einmal ungefrorene Teile erreicht hatten, dann wie wild drauflosgruben, schon um möglichst viel zu fördern und sich warm zu halten [...]."[45] Die Vorgehensweise der Kriegsgefangenen bei der Freilegung der Artefakte nach der Sprengung erläuterte Dengler in seinem Bericht wie folgt: „[...] Die losgesprengten Klötze wurden mit Stahlkeil und Vorschlaghammer in kleine Stücke zerschlagen. Natürlich blieben, trotzdem die Franzosen die Stücke so klein als möglich machten, Scherben und Kleinfunde in den Brocken stecken, aber es sind nach meiner Ansicht immerhin wenigstens 65%, wenn nicht 70% aller Funde geborgen [...]".[46] Man kann davon ausgehen, dass die Funde ohne die Kriegsgefangenen für die Forschung verloren gegangen wären. Im Mai 1941 waren die Bergungsarbeiten schließlich beendet. Der Verbleib der Kriegsgefangenen ist unbekannt.

Trotz dieser ausführlichen Beschreibung fehlen einige Angaben, z.B. über mögliche Absprachen zwischen dem Landespfleger und der Steinbruchfirma Hurban. Ebenfalls unklar ist, wie die Arbeiten auf der Heidenschanze organisatorisch durchgeführt wurden, wie die Versorgung der Kriegsgefangenen aussah und wo sich ihre Unterbringung befand.

Dass französische Kriegsgefangene nicht nur in Deutschland eingesetzt wurden, sondern auch in Frankreich zeigt das letzte Beispiel: Bei ihren Forschungstätigkeiten standen den deutschen Archäologen des Reichsamts für deutsche Vorgeschichte in der Bretagne (Frankreich) unter der Leitung von Werner Hülle (1903–1974) zwischen dem 25. September und 2. Dezember 1940 französische Kriegsgefangene zur Verfügung. Diese nahmen Vermessungsarbeiten an den fünf berühmten Alignements: Le Menec, Kermario, Kerlescan, Petit Menec, Kerzerho und Saint-Pierre-Quiberon sowie an 18 Megalithgräbern in Carnac vor.[47]

Auch hierüber sind jedoch kaum Quellen bekannt, die weitergehende Aussagen über die Lebens- und Arbeitsbedingungen dieser Gefangen treffen.

Zusammenfassung

Anhand des derzeitigen Forschungsstandes lässt sich nur ein ungenaues Bild über den Einsatz von Zwangsarbeitern in der Prähistorischen Archäologie während des Nationalsozialismus zeichnen. Die hier kurz vorgestellten Beispiele verdeutlichen, dass Zwangsarbeiter vor allem bei der Fundbergung eingesetzt wurden. Ob es neben den drei vorgestellten Gruppen auch andere Zwangsarbeiter gab, ist bisher nicht bekannt. Möglicherweise werden sich nach Auswertung von Quellen vor allem in Osteuropa zu dieser Fragestellung Beispiele finden lassen. Außerdem beziehen sich die Beispiele hauptsächlich auf Ausgrabungen. Es ist jedoch auch für alle drei Gruppen mit Arbeitseinsätzen in Museen und Landesämtern zu rechnen. Sollte sich bei den eben von mir vorgestellten Beispielen der Eindruck ergeben haben, dass die Mehrheit aus den östlichen Bundesländern stammt, ist das sicherlich dem Zufall und dem Forschungsstand geschuldet. Um repräsentative Aussagen machen zu können, müssen noch weitere Quellen erschlossen und ausgewertet werden.

Über den finanziellen Wert der Maßnahmen können keine Aussagen getroffen werden. Dennoch ist festzustellen, dass von der Arbeitskraft der Zwangsarbeiter nicht nur Einrichtungen wie das Ahnenerbe oder der Reichsbund für Deutsche Vorgeschichte profitierten, sondern vor allem auch die archäologischen Landesdenkmalämter und Museen. Ohne die Zwangsarbeiter wären die Dokumentationen und Bergungen zahlreicher Befunde und Funde, wie die hier erwähnten, für das Fach selbst und seine wissenschaftliche Forschung nicht vorhanden.

Die bruchstückhaften Dokumentationen stellen mehr Fragen, als sie Antworten geben können. Selten sind die genaue Anzahl der Zwangsarbeiter, der Umfang der archäologischen Tätigkeiten sowie Absprachen zwischen den einzelnen Organisationen, wie den Denkmalbehörden und Firmen überliefert. Vieles muss daher vorerst offen bleiben. Eine systematische Durchsicht der Primärquellen, also der Grabungsdokumentationen und Ortsakten in den Landesdenkmalämtern, Museumsakten, Akten der Arbeitsämter und Organisationen, in denen Zwangsarbeiter tätig waren, könnten hierzu weitere Hinweise geben.

Obwohl heute im Fach selbst Erstaunen über den Einsatz von Zwangsarbeitern in der Prähistorischen Archäologie herrscht, kann festgestellt werden, dass während des Nationalsozialismus im Fach bekannt war, dass Zwangsarbeiter als Grabungshelfer eingesetzt wurden. Das belegen die vielen Beispiele in der Fachliteratur – auch wenn es teilweise nur kurze Notizen waren. Das Thema wurde während des Nationalsozialismus nicht verschwiegen. Das Schweigen trat erst nach dem Ende des Nationalsozialismus auf. Das Fach wollte nicht mit seiner NS-Vergangenheit konfrontiert werden. Umso mehr gilt es jetzt, diese Periode der Fachgeschichte wissenschaftlich auszuwerten.

Abkürzungen

LDA, AaFDSA	Landesamt für Denkmalpflege und Archäologie Sachsen-Anhalt, Archiv archäologischer Funde und Denkmale in Sachsen-Anhalt
BA	Bundesarchiv
BLDAM	Brandenburgisches Landesamt für Denkmalpflege und Archäologisches Landesmuseum
LfA	Sächsisches Landesamt für Archäologie
OA	Ortsakte
OAA Freiburg	Ortsaktenarchiv Regierungspräsidium Freiburg, Referat Denkmalpflege
Sächs. StAL	Sächsisches Staatsarchiv Leipzig

Anmerkungen

1   Eine erste kurze Zusammenfassung ist bereits erschienen: Judith Schachtmann/Thomas Widera, Zwangsarbeit – NS-Terror in der Prähistorischen Archäologie? In: Focke-Museum (Hrsg.), Graben für Germanien – Archäologie unterm Hakenkreuz. Ausstellungskatalog, Stuttgart 2013, S. 120–125.

2   Lediglich für Sachsen wurde von der Autorin im Rahmen des DFG-Projektes „Archäologie im politischen Diskurs. Ethnische Interpretationen prähistorischer Bodendenkmale in Sachsen, Böhmen und Schlesien zwischen 1918 und 1989" (2008–2011) am sächsischen Landesamt für Archäologie die Grabungsdokumentationen systematisch auf Zwangsarbeitereinsätze untersucht.

3   Carina Baganz, Erziehung zur „Volksgemeinschaft"? Die frühen Konzentrationslager in Sachsen 1933-1934/37. Reihe: Geschichte der Konzentrationslager 1933-1945; Band 6, Berlin 2005. Hier S. 97f.

4   Sächs. StAL, 20033, Konzentrationslager Colditz 1933-1934.

5   O.A., Besuch auf einem Friedhof der Bronzezeit, Leipziger Abendpost, 6.10.1933, S. 5 erhalten in: LfA, OA Colditz, Sammlung Zeitungsartikel, unpaginiert.

6   R[udolf].M[oschkau]., Fundpflege im Konzentrationslager Colditz, Die Fundpflege. Mitteilungen zur Vorzeit Sachsens und der Nachbargebiete, 2.Jg., 1934, Heft 1, S. 5.

7   LfA, OA Colditz, Rudolf Irmscher, Ausgrabung Colditz - Grabungsbericht vom 7.1.1939, unpaginiert.

8   R[udolf]. M[oschkau]., Fundpflege im Konzentrationslager Colditz, Die Fundpflege. Mitteilungen zur Vorzeit Sachsens und der Nachbargebiete , 2.Jg., Heft 1, 1934, S. 5.

9   Gerhard Trnka mit einem Beitrag von Hertha Ladenbauer-Orel, Das urnenfelderzeitliche Gräberfeld von Gusen in Oberösterreich, Archaeologia Austriaca, Band 76, Wien 1992, S. 47-112.

10   Zum Lager Gusen vgl. Bertrand Perz, Gusen I und II, In: Der Ort des Terrors. Geschichte der nationalsozialistischen Konzentrationslager, Wolfgang Benz/Barbara Distel (Hrsg.) Band 4, München 2006, S. 371-380.

11   Hierzu und im Folgenden: Gerhard Trnka mit einem Beitrag von Hertha Ladenbauer-Orel, Das urnenfelderzeitliche Gräberfeld von Gusen in Oberösterreich, Archaeologia Austriaca, Band 76, Wien 1992, S. 47-50.

12   G. Keil, Mitteilungen Landkreis Weimar, Der Spatenforscher, 4. Jg., Folge 4, 1939, S. 53.

13   Lothar Zotz, Bericht des Staatlichen Vertrauensmannes für Kulturgeschichtliche Bodenaltertümer im Bereich der Provinz Brandenburg, Nachrichtenblatt für Deutsche Vorzeit, 14. Jg., 1938, Heft 10, S. 250f.

14   BLDAM, OA Königswusterhausen LDS-92, Blatt Nr. 010050.

15   Vorname, Lebensdaten sowie Beruf sind unbekannt.

16   Geboren als Maria Luise Schlicht. Diesen Hinweis sowie den Hinweis auf die Lebensdaten verdanke ich Andrea Kaltofen, Meppen.

17   BA, NS 21, 2323, Blatt 0634.

18   BA, NS 21, 2323, Blatt 0638.

19 BA, NS 21, 2323, Blatt 0634

20 BA, NS 21, 2323, Blatt 0658.

21 BA, NS 21, 2323, Blatt 0658.

22 BA, NS 21, 2323, Blatt 0640.

23 BA, NS 21, 2323, Blatt 0658.

24 BA, NS 21, 2323, Blatt 0674.

25 BA, NS 21, 2323, Blatt 0658.

26 LfA, OA Markkleeberg, vgl. Korrespondenz Bierbaum - Grahmann 1.8.1942-18.8.1942, unpaginiert.

27 LfA, OA Markkleeberg, Schreiben Grahmann an Bierbaum vom 1.8.1942, unpaginiert.

28 LfA, OA Markkleeberg, Schreiben Bierbaum an Grahmann vom 5.8.1942, unpaginiert.

29 OAA Freiburg, Murg Kreis Waldshut, Kalvarienberg II, Fundmeldung Abschrift Schreiben von Gersbach an unbekannt vom 25.5.1941.

30 OAA Freiburg, Murg Kreis Waldshut, Kalvarienberg II, Abschrift Schreiben Gersbach an Kraft vom 25.6.1942, unpaginiert.

31 OAA Freiburg, Murg Kreis Waldshut, Kalvarienberg II, Abschrift Schreiben Gersbach an Museum für Urgeschichte vom 7.12.1942, unpaginiert.

32 Hanns A. Potratz, Das Landesmuseum zu Hannover in den Jahren 1940 und 1941, Nachrichtenblatt für Deutsche Vorzeit, Jg. 18, Heft 7-8, 1942, 145-150, hier S. 148.

33 Rainer Kossian, Hunte 1. Ein mittel- bis spätneolithischer und frühbronzezeitlicher Siedlungsplatz am Dümmer, Ldkr. Diepholz (Niedersachsen). Die Ergebnisse der Ausgrabungen des Reichsamtes für Vorgeschichte in den Jahren 1938 bis 1940. Veröffentlichungen der archäologischen Sammlungen des Landesmuseums Hannover, Martin Schmidt (Hrsg.), Band 52, Kerpen-Loogh 2007, S. 37.

34 O.A., Arbeitsbericht des Reichsbundes für Deutsche Vorgeschichte für die Zeit vom 1. Januar bis 1. Juli 1941, Mannus – Zeitschrift für Deutsche Vorgeschichte, 33. Jg.,1941, Heft 2, S. 275-280, hier 276.

35 Wilhelm Albert von Brunn, Spätlatènesiedlung von Schönburg Kr. Weißenfels, Nachrichtenblatt für Deutsche Vorzeit, Jg. 18, Heft 1-2, 1942, S. 19f.

36 LDA, AaFDSA, OA-ID 1792, Blatt 49.

37 LDA, AaFDSA, OA-ID 1792, Blatt 56.

38 OAA Freiburg, Wylen, Schreiben Gersbach an Kraft vom 15.3.1942, unpaginiert.

39 Konstanze Jünger/Judith Schachtmann, „Eine 3000 Jahre alte Stadt" – Die Ausgrabungen auf der Heidenschanze von Dresden-Coschütz und ihre Darstellung in der Öffentlichkeit. In: Regina Smolnik (Hrsg.), Ausgrabungen in Sachsen 2. Arbeits- und Forschungsberichte zur Sächsischen Bodendenkmalpflege, Beiheft 21, Dresden 2010, S. 27–35.

40 ebd.

41 LfA, OA Coschütz, Verzeichnis der zehn Kriegsgefangenen (Franzosen) bei der Abräumung Hurban 1940/1941, unpaginiert.

42 LfA, OA Coschütz, Die Abdeckungen auf der Heidenschanze 1939-1941, unpaginiert.

43 LfA, OA Coschütz, Fundliste Heidenschanze Bruch Hurban Abräumung 1940/41, Eintrag 78 vom 7.3.1941, unpaginiert.

44 LfA, OA Coschütz, Die Abdeckungen auf der Heidenschanze 1939-1941, unpaginiert.

45 LfA, OA Coschütz, Die Abdeckungen auf der Heidenschanze 1939-1941, unpaginiert.

46 LfA, OA Coschütz, Die Abdeckungen auf der Heidenschanze 1939-1941, unpaginiert.

47 Werner Hülle, Arbeitsbericht des Reichsbundes für Deutsche Vorgeschichte für die Zeit vom 16. Juni bis 31. Dezember 1940, Mannus-Zeitschrift für Deutsche Vorgeschichte, 32. Jg., 1940, S. 579–583, hier S. 581

Dana Schlegelmilch, M.A., Marburg

Das Geschichtsbild
der extremen Rechten heute

Ein spezifisch rassistisches Geschichtsbild gehört zu den Ecksteinen der völkischen Ideologie – seine gesellschaftliche Etablierung war ein wichtiger Bestandteil der nationalsozialistischen Kulturpolitik und Propaganda. Wie Sie in den vergangenen beiden Tagen
gesehen haben, hatte auch die Vor- und Frühgeschichtliche Archäologie Teil an diesem
Vorgang und profitierte stark davon. Nach 1945 lebte dieses Geschichtsbild zunächst
weiter – wer kennt nicht das Stereotyp der blonden und blauäugigen Deutschen, das bis
heute genutzt wird, ohne dass dabei zwangsläufig rassistische Hintergedanken eine Rolle
spielen? –, es wandelte sich jedoch unter demokratischen wie unter staatssozialistischen
Vorzeichen. Auch die archäologische Forschung hat sich nach 1945 weiterentwickelt
und besonders seit den 1990er Jahren begonnen, die völkischen Wurzeln des Faches zu
reflektieren.

Was sich hingegen nicht gewandelt hat, ist das Geschichtsbild, das in der extremen
Rechten bis heute verbreitet ist: Es baut noch immer auf den selben Prämissen auf, die
im 19. Jahrhundert entstanden und in den 1920er und 1930er Jahren auf breiter Basis
etabliert wurden. Mein Vortrag möchte diese Prämissen in konzentrierter Form noch
einmal aufzeigen. Er wird sich dabei überwiegend auf den Teil der extremen Rechten
beziehen, der sich als „modern" versteht und eine jugendkulturelle Ausdrucksform hat,
um so auch einen Eindruck von rechten Songtexten, Plattencovern, T-Shirts etc. zu ver-
mitteln, die zwar alte Inhalte präsentieren, in der Form jedoch vollkommen up-to-date
sind. Zunächst werde ich die grundlegenden Prinzipien dieses Geschichtsbildes skizzieren
und dann auf Wunsch von Frau Dr. Hölscher auch auf die damit in Verbindung stehenden
Symbole der extremen Rechten eingehen.

Grundlegende Prinzipien

Das Geschichtsbild der extremen Rechten folgt früher wie heute vier zentralen Punkten,
die sehr deutlich mit ihrem gesellschaftlichen Idealbild korrespondieren:

1. Die Wirkmächtigkeit von rassisch definierten Völkern in der Vorgeschichte
2. Eine ausgeprägt hierarchische gesellschaftliche Struktur entlang der Kategorien
   „Führer" und „Gefolgschaft"

3. Kampf als Grundordnung der Gesellschaft

4. „Arteigene" Religiosität

Die genannten Prinzipien sind eingebettet in den Rahmen einer sehr einseitigen „Germanenrezeption", deren Grundlage nicht die aktuelle historische oder archäologische Forschung ist, sondern die auf einem „Germanenmythos" fußt, der in einer sinnstiftenden Weise die Germanen zu den Vorfahren der Deutschen macht. Dieser Germanenmythos hat sich schon im 19. Jahrhundert im Rahmen des aufkommenden Nationalismus entwickelt und ist gesamtgesellschaftlich heute kaum noch bedeutend, abgesehen von der Tatsache, dass die völlig ahistorische Annahme, es bestünde eine Kontinuität zwischen Germanen und Deutschen, noch weit verbreitet ist. Die extreme Rechte hingegen rezipiert den „Germanenmythos" in seiner gesamten Breite und Tiefe, beschäftigt sich etwa mit Tacitus oder Edda-Übersetzungen und auch mit archäologischen Ausgrabungen, allerdings unter einem sehr einseitigen Blickwinkel: Verstanden als Teil einer politischen Programmatik und nicht als bloße Vergangenheitsschwärmerei, soll die Beschäftigung mit dem Germanentum in der extremen Rechten politische Orientierung geben; so wird aus dem „Germanenmythos" eine „Germanenideologie", auf deren Grundpfeiler ich im Folgenden eingehen möchte.

1. Die Wirkmächtigkeit von rassisch definierten Völkern in der Vorgeschichte

Jede extrem rechte Geschichtsinterpretation geht davon aus, dass die Relikte der Vergangenheit ethnisch gedeutet werden müssen – dass also über archäologische Befunde und historische Quellen gleichermaßen auf das Vorhandensein von „Völkern" geschlossen werden kann.

Dies hat lange Jahre auch die prähistorische Archäologie bestimmt; die ethnische Deutung bildet eine der Wurzeln, aus der die Vor- und Frühgeschichte in Deutschland im 19. Jahrhundert erwachsen ist. Da mit ihr die deutsche „Volksgemeinschaft" in die Vergangenheit verlängert und die deutsche Kriegs- und Besatzungspolitik legitimiert werden konnte, erhielt die Prähistorie ab 1933 eine quasi staatsoffizielle Funktion.

Heute wird im Fach Vor- und Frühgeschichte kontrovers und meist produktiv über die ethnische Deutung gestritten, ausgehend von der Erkenntnis, dass Ethnien eigene oder fremde Identitätszuweisungen sind; ob – und wenn ja wie – eine solche Identität mit archäologischen Quellen zu ermitteln ist, ist derzeit Gegenstand einer großen Debatte. Dabei ist nicht auszuschließen, dass sich ein Bestatteter zu Lebzeiten vielleicht gar nicht einem bestimmten „Volk" zugehörig gefühlt hat, sondern für ihn beispielsweise die Zugehörigkeit zu einer bestimmten Gesellschaftsschicht viel wichtiger war. Das in der Wissenschaft erdachte Geschichtsbild ist damit gerade in einem tiefgreifenden Wandel begriffen, der wegführt von einseitigen Fragestellungen zu einem weitaus breiteren Blick auf die Verhältnisse der Vergangenheit.

Dies geht mit der Erkenntnis einher, dass der Germanenbegriff keineswegs so geschlossen ist, wie er zunächst suggeriert. Vielmehr lassen sich dafür archäologische, ethnologische, historische und sprachwissenschaftliche Definitionen finden, die zu einem Germanenkonstrukt zusammenfließen konnten.

Von solchen wissenschaftlichen Diskussionen jedoch bleibt die extreme Rechte unberührt; „Germanen" werden hier kaum intellektuell rezipiert, sondern gelten als „Urahnen" eines konsequent rassisch konstruierten deutschen Volkes. Die hier gedachten „Germanen" stehen an der Spitze einer Völkerhierarchie, ihre „Kulturleistung" wird als unbestreitbare Tatsache festgeschrieben. Umgekehrt wird „Kulturleistung" immer auf „germanische" bzw. „indogermanische Wurzeln" zurückgeführt.

Analog zum historischen Nationalsozialismus wird die Teilung der Menschheit nicht nur in Völker, sondern darüber hinaus auch in Rassen als selbstverständlich angesehen. Auf rechten CD-Covern, Versandkatalogen, Kalendern usw. agieren daher blonde und blauäugige Menschen, deren Körpern Anmut, Edelmut und – bei Männern – Kampfesmut stereotyp eingeschrieben werden. Ihnen gegenüber steht das antisemitische Gegenbild der „semitischen Wüstenvölker", die als dunkler Typus dargestellt und als naturfern und verschlagen präsentiert werden.

2. Eine ausgeprägt hierarchische gesellschaftliche Struktur entlang der Kategorien „Führer" und „Gefolgschaft"

Das Führerprinzip als Ideal der extrem rechten Gesellschaftsordnung wird unhinterfragt auch in die Vergangenheit projiziert. Bildlich verbunden ist dies vor allem mit der Kategorie „Geschlecht": „Führer" sind immer Männer. Auch hier entspricht das in der heutigen extremen Rechten gezeichnete Bild der germanischen Gesellschaft dem der NS-Propaganda: „Germanen" treten als tapfere, unerbittliche Krieger auf; die weitaus seltener gezeigten „Germaninnen" erfüllen eine hehre Rolle als Mutter und Hüterin von Haus und Sippe oder sind Priesterinnen.

In diesem Kontext gehört auch die weithin verbreitete Heldenverehrung „germanischer" Sagengestalten; so wird Hermann der Cherusker häufig besungen und als „Befreier Germaniens" zum role model stilisiert.

Hörbeispiel – Veritas Invictus: Teutonia – CD: Schwertzeit (2005)

Es flüstern leis' die Bäume im Teutoburger Wald
Sie erzählen eine Geschichte, tausende von Jahren alt
Der Wind spielt sanft seine Melodie aus uralter Zeit
Und sinnend lausche ich dem Klang der Vergangenheit
Asenheil und Wanenkraft, und Krieger dem Blute verschworen

Wohl edles, stolzes Göttergeschlecht, zur Ewigkeit auserkoren
Teutonia, Teutonia! Ich höre die Eichen, wie sie rauschen sturmdonnernd gleich
Und der Cherusker Schildgesang erklingt durch unser Reich
Der Ruhme der Vergangenheit liegt im Nebel dieser eis'gen Nacht
Die Söhne Germaniens schreiten vor zur Hermannsschlacht

Ein Heil dem Siege, den wir errungen ohne gleichen
Ein Heil dem Kraftbewussten, ein Heil dem Sonnenzeichen
Ein Heil dem Fürsten Hermann, ein Heil dem Stamm Cherusker
Ein Heil den deutschen Landen, ein Heil Teutonia!!

---

3.   Kampf als Grundordnung der Gesellschaft

Eng mit der bildlichen Darstellung der Männer als germanische Krieger verbunden ist die dritte Prämisse des extrem rechten Weltbildes: Die Vorstellung, das Leben sei in der Vergangenheit durch einen immerwährenden Kampf geprägt gewesen, bei dem nur die Stärksten hätten überleben können. Dieses sozialdarwinistische Ausleseprinzip spiegelt sich auch in der häufiger zu findenden Darstellung einer Kontinuität vom Germanen über den SS-Soldaten hin zum heutigen Neonazi wider. In die bildliche Wiedergabe dieser „Blutslinie" fließt die Vorstellung ein, „die Besten des deutschen Volkes" hätten sich kampfesgestählt durch die Generationen fortgepflanzt.

Sozialdarwinismus wird dabei nicht nur Individuen zugeschrieben, sondern auch als gesamtgesellschaftliches Ideal dargestellt. Er kann dann beispielsweise auch eugenische Vorstellungen beinhalten, etwa wenn proklamiert wird, die Germanen hätten schwache oder „missgestaltete" Kinder ausgesetzt. Diese Vorstellung wird beispielsweise in dem Fanzine „Riesaer Zündbläddl" propagiert.

Hörbeispiel
Absurd: Germanien über alles – CD: Asgardrei (1999)

Ein Adler auf dem schwarzen Schild,
das Schwert fest in der Hand,
steht ein jeder von uns Kriegern
stolz für unser Heimatland.
Ein feurig-dräuend Sonnenrad weist den Weg uns in die Schlacht.
Die Raben eilen uns voraus durch die dunkle Heidenacht.

In den Divisionen Wiking und Nordland waren geeint
Unsre Ahnen unerschütterlich für das Reich gegen den Feind.
Ihre Ehre, die hieß Treue, in den Adern floss ein Blut,
Und ihr Heldentum soll leiten uns
und stets härten unsren Mut.
Großgermanien – seit Äonen schon, von Ost- bis Engelland,
Von der Arktis, vom Eismeer, bis zum südlichen Alpenrand.
Ein einig Volk, ein Glaube an uralte Heidenmacht,
an die Raben, an den Hammer, an den Sieg in jeder Schlacht!

Ein Volk – ein Glaube – uraltes Heidentum,
Germanien über alles – für alle Zeiten nun.
Germanien über alles!

Ein Blut fließt in unseren Adern,
unverfremdet und rein,
Unsre Freundschaft, unsre Bruderschaft
soll von ew'ger Dauer sein.
Allvater wacht und waltet in Asgard über uns all.
Finden wir den Tod im Kampfe,
tragen die Walküren uns nach Walhall.
Donner brüllt wild über uns, gleich den Ahnenstürmen wir.
Für die Heimat, für die Bruderschaft, für die Treue – unsre Zier.
Mit Runenzauber neu gestärkt stehen wir im Weltenbrand.
Und das Feindheer, das den Krieg erklärt,
wird zerschlagen mit starker Hand.
Hat der Grund das Blut getrunken erst und der Rauch hat sich gelegt,
strahlt das Heimatland in neuem Glanz, ist der Feind hinfortgefegt.
Ein Heil dem Sieg, dem kalten Stahl, Germaniens edler Wehr,
Auf ewig steht in Bruderschaft unser großgermanisches Heer!

Ein Volk – ein Glaube – uraltes Heidentum,
Germanien über alles – für alle Zeiten nun.
Germanien über alles!

4.   „Arteigene" Religiosität

Die völkische Bewegung, die den Nationalsozialismus zu Beginn des 20. Jahrhunderts mit vorbereitete, war in ihrem Kern eine Sammelbewegung religiöser Erneuerungsbestrebungen. Ihre Anhänger teilten sich in sogenannte „Deutschchristen", die eine „Arisierung" der christlichen Religion anstrebten, und in ein breites Feld sogenannter „Neuheiden", denen eine Wiederbelebung von als germanisch angesehenen Praktiken vorschwebte.

Auch heute spielt Religiosität für die jugendkulturell geprägte extreme Rechte eine große Rolle, allerdings nicht mehr in der Form

---

Hörbeispiel – Landser: Walvater Wotan
Album: Das Reich kommt wieder (1992)

Heil, Heil, Heil
Wir wollen euren Jesus nicht – das alte Judenschwein
Denn zu Kreuze kriechen kann nichts für Arier sein
Die Bibel und das Kruzifix – die soll der Geier holen
Wir wollen eure Pfaffen nicht und euren Schweinepapst aus Polen!

Walvater Wotan soll unser Herrgott sein
Walvater Wotan wird Germanien befrei'n

Einst gab es die Inquisition, ist doch allen wohlbekannt
Deutsche Frauen als Hexen zu Tausenden verbrannt
Doch heut' da macht ihr auf menschlich und wollt den Frieden schaffen
Sprüh's an jede Kirchentür – „Frieden schaffen ohne Pfaffen!"

Walvater Wotan soll unser Herrgott sein
Walvater Wotan wird Germanien befrei'n

Odins Raben wachen und sehen eure Taten
Und seine Wölfe kriegen demnächst mal fetten Braten
Ein Blitz aus Donars Hammer wird in der Kirche hall'n
Jetzt bet' zu deinem Judengott – er hört dich nicht, du Christenschwein !

Walvater Wotan soll unser Herrgott sein
Walvater Wotan wird Germanien befrei'n
Odin!

---

eines „deutschen Christentums". Hingegen hat der Bezug auf ein „germanisches Neuheidentum" – bei gleichzeitiger vehementer Ablehnung von Judentum und Christentum als „artfremd" – eine nicht zu unterschätzende Stabilisierungswirkung für die Szene. Die religiöse Orientierung erfolgt dabei im Rahmen der eigenen Identität als extremer Rechter, gehört also in die rechte Erlebniswelt hinein und trägt zur Geschlossenheit des eigenen Weltbildes bei. Ausdruck dieses Empfindens ist beispielsweise das Tragen von Thorshämmern anstatt von christlichen Kreuzen; auch das Beschwören von Odin oder die Bezugnahme auf Walhalla etwa in Songtexten gehören in diesen Kontext.

Weite Teile der jugendkulturell geprägten extremen Rechten leben ihr religiöses Empfinden informell, d.h. nicht als Teil einer explizit religiösen Organisation aus. Trotzdem ist Kollektivität in diesem Bereich sehr wichtig, etwa als Zusammensein „im Kameradenkreise" zum Beispiel am Lagerfeuer bei „Sonnenwendfeiern" o.ä.

Aber auch die Bedeutung organisierter und geschlossener völkischer Religionsgemeinschaften ist in ihrer Wirkung auf die Gesamtszene nicht zu unterschätzen, namentlich der „Artgemeinschaft – Germanische Glaubens-Gemeinschaft wesensgemäßer Lebensgestaltung" und des sogenannten „Armanen-Ordens". So lässt sich beispielsweise für die „Artgemeinschaft" feststellen, dass sie immer wieder gefestigte Szeneangehörige in ihre Reihen aufgenommen hat, die aus der Subkultur quasi herausgewachsen und in einer Phase der Neuorientierung innerhalb der extrem rechten Lebenswelt waren. Gleichzeitig sorgt die „Artgemeinschaft" seit ihrer Gründung 1951 für die Sicherstellung von Kontinuität, indem sie sich als „Sippengemeinschaft" versteht: Alle Familienangehörigen sind Teil des religiösen Lebens, bei einigen Familien heute sogar schon in der dritten Generation – selbstverständlich unter Einhaltung rassischer Prinzipien. Die kultische Praxis besteht konkret in der Pflege von „Volksbrauchtum", wie es schon in der völkischen Bewegung und im Nationalsozialismus auf germanische Wurzeln zurückgeführt worden ist: So werden beispielsweise Vorschläge zur „artgemäßen" Begehung des „Julfestes" gegeben, etwa in dem Band „Brauchtum im Artglauben", der unter anderem mit den folgenden Worten beworben wird:

„[Das Buch] leitet an, wie die vorweihnachtlichen Sonntage in der Familie verbracht werden können, zeigt Beispiele für Mitwinter- und Weihnachtsfeiern zuhause und in größerer Gemeinschaft, auch Wintersonnwend- sowie Jahreswechselfeier auf. Dutzende volkstreuer Gedichte für diese Zeit finden sich hierin, wie auch mehr als siebzig Weihnachtslieder unserer Art, dazu Geschichten und Schilderungen des Brauchtums dieser Zeit. Hausmusikpflegende Familien können durch die dargebrachten weihnachtlichen Musikstücke das Gemeinschaftserlebnis ihres Kreises vertiefen."

Über das Familienbrauchtum hinaus organisiert die „Artgemeinschaft" gemeinsame Feiern, etwa zur Winter- und Sommersonnenwende, in denen den „germanischen Ahnen" beispielsweise durch traditionelle Tänze oder im großen Kreis am Lagerfeuer gedacht werden soll. Sie entfaltet so eine stabilisierende Wirkung und erzielt eine teilweise Einigung der Szene.

Durch die Präsentation ihres „Brauchtums" als „alt" und „germanisch" wiederum haben sowohl die „Artgemeinschaft" als auch der eindeutig als extrem rechts einzuordnende, ariosophisch ausgerichtete „Armanen-Orden" eine inhaltliche Schnittstelle zu anderen Organisationen, die nicht nur für Szeneangehörige offen sind, sondern sich im allgemeinen esoterischen Spektrum verorten. Hier werden oft vorgeblich „germanische" Bräuche – gelegentlich mit einem explizit gegen die etablierte Wissenschaft gerichteten Impetus – propagiert, ohne dass sich ein Großteil der Handelnden über den damit verbundenen völkisch-politischen Inhalt noch bewusst ist. In diesen Organisationen treffen extrem rechte und sich als unpolitisch verstehende Menschen aufeinander, sie liegen daher mit ihrer religiös-esoterischen Orientierung im Graubereich der politischen extremen Rechten.

Kommunikation nach außen: das unauffällig-offene Bekenntnis zum extrem rechten „Germanentum"

Die extreme Rechte ist, wie wir zuletzt anhand der Morde des „Nationalsozialistischen Untergrunds" gesehen haben, kein reines Jugendproblem. Trotzdem ist die Auseinandersetzung mit extrem rechten Jugendszenen wichtig; schaut man hier vor allem darauf, wie sich das skizzierte Geschichtsbild ausdrückt, so fallen immer wieder Symbole auf, von denen ich hier einige nennen möchte. Allerdings möchte ich vorausschicken, dass die alleinige Einordnung einer Person anhand der von ihr gezeigten Symbole sehr problematisch ist, denn viele dieser Symbole können auch unpolitisch interpretiert oder im Kontext anderer Subkulturen anders aufgeladen sein. Wichtig ist daher, ein fundiertes Wissen über die Hintergründe sowohl der Person als auch der extrem rechten Ideologie zu haben und sich mit der Symbolverwendung im konkreten Kontext auseinanderzusetzen.

„Adler fängt Fisch"

Dieses Zeichen symbolisiert die Unterwerfung des Christentums (Fisch – Ichthys) durch das germanische (Neu-)Heidentum (Adler). Es wurde 2002 durch die „Artgemeinschaft" als Bildmarke registriert, d.h. mit Markenschutz versehen.

Verwendet wird es unter anderem von der extrem rechten Modemarke Thor Steinar.

„Irminsul"

1929 stellte der völkische Religionsstifter Wilhelm Teudt die These auf, dass das Kreuzabnahmerelief an den Externsteinen im Teutoburger Wald die gebeugte „große Säule" („irmin sul") darstellen solle, die gemäß frühmittelalterlicher Schriftquellen ein Heiligtum der Sachsen gewesen und durch Karl den Großen 772 zerstört worden sei. Teudt verkannte dabei, dass diese Art der Darstellung in der christlichen Ikonografie durchaus bekannt ist und als Dattelpalme gedeutet werden muss. In einer bildlich wieder aufgerichteten Form wurde diese „Irminsul" gemäß Teudts Deutung als germanisch-heidnisches Sinnbild 1935 zum Zeichen der „Lehr- und Forschungsgemeinschaft Deutsches Ahnenerbe e.V." der SS; heute nimmt es die „Artgemeinschaft" für sich in Anspruch.

Runen

Runen werden in der extremen Rechten einerseits zur schriftlichen „Germanisierung" einzelner Wörter genutzt, indem das lateinische Alphabet durch die Runenzeichen des

Futhark ersetzt wird. Dies hat den Effekt, dass auch verhältnismäßig eindeutige Inhalte zunächst verschlüsselt werden.

Andererseits werden Runen gemäß der völkischen Interpretationen des späten 19. und frühen 20. Jahrhunderts verwendet; insbesondere wirksam ist hierbei das 1902 erdachte sogenannte „Armanen-Futhark" des völkischen Esoterikers Guido List. Über ihren Charakter als Schrift hinaus wird jedem Zeichen dabei jeweils eine eigene Bedeutung zugeordnet. So wird die Rune, deren ursprünglicher Lautwert ‚z' entsprach, als „Lebensrune" bzw. in umgekehrter Form als „Todesrune" verwendet (beispielsweise in Geburts- und Todesanzeigen). Übereinandergelegt – und damit quasi sternförmig – bilden sie nach List die sogenannte „Hagalrune", die sinnbildlich für die „das All umspannende Schöpfungskraft" und das „Heil" stehen soll und keine Entsprechung bei den archäologisch nachgewiesenen Runenzeichen hat. Letzteres gilt auch für die „Odalrune", die für „Grundbesitz" oder „Erbe" stehen soll und im Nationalsozialismus durch den Reichsnährstand bzw. das SS-Rasse- und Siedlungsamt verwendet wurde.

Ein als „Wolfsangel" bekanntes Zeichen, das ursprünglich aus einem heraldischen Kontext stammt und sich häufig in Wappen findet, entspricht bedingt der von Guido List erfundenen Giborune, die das „göttliche Prinzip" darstellen soll.

Zumeist in ihrer NS-Verwendung rezipiert wird die „Sigrune" als Symbol des Jungvolks der Hitlerjugend bzw. als „Doppelblitz" der SS.

„Keltenkreuz"

Das sogenannte „Keltenkreuz" steht in der extremen Rechten für die Vormachtstellung der „weißen Rasse" und ist international bekannt. Es hat an sich keinerlei Beziehung zu vorgeschichtlichen Motiven, sondern war das Symbol der „Volkssozialistischen Bewegung Deutschlands", einer 1982 verbotenen Organisation. Im Aussehen erinnert das Symbol an irische Hochkreuze, woher die Bezeichnung „Keltenkreuz" vermutlich hergeleitet wurde. Die Rechtsprechung in Bezug auf das Keltenkreuz war lange Zeit uneindeutig, da in Deutschland Symbole an sich nur dann verboten werden können, wenn sie verbotene Organisationen repräsentieren. Der BGH hat 2008 entschieden, dass das Tragen eines Keltenkreuzes auch dann strafbar ist, wenn kein Bezug zur Organisation erkennbar wird. Vorher jedoch hatten verschiedene Gerichte anders argumentiert.

Triskele

Die Triskele genannte dreiarmige Spirale dient der extremen Rechten meist in zackiger Form als Hakenkreuzersatz. Es wurde von der im Jahr 2000 in Deutschland verbotenen

Organisation „Blood & Homour" genutzt und ist auch Symbol der extrem rechten süd-afrikanischen Burenbewegung „Afrikaner Weerstandsbeweging".

Die Triskele ist allerdings auch ohne jegliche politische Aufladung sehr häufig, insbesondere bei Irlandreisenden, da solche Spiralverzierungen u.a. am neolithischen Ganggrab von Newgrange, Grafschaft Meath, verwendet wurden und heute beliebte Touristensouvenirs sind.

„Schwarze Sonne"

Die sogenannte „Schwarze Sonne" ist ein Zeichen, das ursprünglich aus drei übereinandergelegten Hakenkreuzen gebildet wurde; das historische Vorbild findet sich als Bodenornament in der Wewelsburg bei Paderborn, einem für die Zwecke der SS ab 1934 u.a. durch KZ-Häftlinge umgebauten Renaissanceschloss. Dieses Ornament hatte historisch keinerlei Symbolbedeutung, es wird aber seit den 1990er Jahren durch die extrem rechte Szene verwendet. Feststellbar ist hier ein Prozess der Aufladung bei gleichzeitiger „Prähistorisierung": Durch den 1991 erschienenen Roman „Die Schwarze Sonne von Tashi Lhunpo" wurde die Hakenkreuzdekoration mit der Bezeichnung „Schwarze Sonne" belegt und als Zeichen eines geheimen esoterischen Zirkels von „wissenden" SS-Männern dargestellt. In der Szene diente sie daraufhin zunächst als Hakenkreuzersatz. Seitdem hat es eine Mystifizierung erfahren.

„Heimdalls Wacht" beziehen in diesem Lied die „Schwarze Sonne" auf das „Licht aus dem Norden", der völkischen These also, dass die „nordischen Völker" Kulturbringer für die südlichen Kulturen gewesen seien. Die „nordischen Mächte" würden sich nun, da das esoterische Zeitalter des Wassermanns anbreche, erneuern. Eine völkisch-sakrale Komponente erhält das Lied darüber hinaus durch das Verwenden eines „Sonnengebets" aus den sogenannten „Halgarita-Sprüche", die der ariosophische Religionsstifter Karl Maria Wiligut in den 1920er Jahren erdacht hat.

> **Hörbeispiel – Heimdalls Wacht:**
> **Im Glanz der Schwarzen Sonne**
> **CD: Westfälischer Schlachtenlärm (2005)**
>
> Am oberen Weltenrande
> Am Fuße des Mitternachtsberges
> Erscheint das Licht der Erkenntnis
> Bewahrt der Alten Werk
>
> Besinnend der Reiche der Alten
> Besinnend des alten Atlant
> Bevor die Wut des Meeres
> Begierig es verschlang
>
> Kein menschlich' Aug' kann erblicken
> Der Strahlen kräftiger Schein
> Doch ihre Präsenz wird ewiglich
> Im Herzen der Tapferen sein
>
> Sunur saga santur toe
> Syntir peri fuir sprueh
> Wilgoti halga tharn
> Halga fuir santur toe
>
> Die Zeitwende liegt vor uns
> Der Wasserkrug erscheint
> Und mit ihm wird auch erneuert
> Der schwarzen Sonne Schein

In den letzten Jahren seit Erscheinen dieses Liedes ist die Einordnung der „Schwarzen Sonne" in die völkischen Mythen zum Ursprung der „arischen Rasse" stark verdichtet worden. Es wird nun als „arisches Ursymbol" und „Zeichen der nordischen Urkraft" interpretiert, wobei es bemerkenswerterweise immer älter geworden und von einem germanischen zu einem arisch-babylonischen Symbol erklärt worden ist.

Die Entwicklung der „Schwarzen Sonne" von einem dekorativen Element zu einem mit Bedeutung aufgeladenen Symbol entspricht der Aufladung des Hakenkreuzes in der völkischen Bewegung; auch dieses wurde zum „arischen Ursymbol" erklärt und sakral aufgeladen. Die heute in unpolitischen Zusammenhängen gebrauchte Argumentation, das Hakenkreuz sei durch die Nationalsozialisten „missbraucht" worden, wird seit einigen Jahren auch für die „Schwarze Sonne" vorgebracht. Selbst antifaschistische Initiativen kolportieren mittlerweile die Erzählung vom „Ursymbol".

Die Aufladung von Symbolen der extremen Rechten als „alt" und „heidnisch" bedeutet umgekehrt auch, dass diese für Menschen interessant werden, die sich für die Vergangenheit interessieren und die ursprüngliche politische Konnotation nicht erkennen. So werden „Irminsul" und „Schwarze Sonne" heute beispielsweise als Schmuck auf Mittelaltermärkten verkauft und somit als historisch authentisch anerkannt.

Fazit

Festzuhalten ist, dass sich das Geschichtsbild der heutigen extremen Rechten nicht von demjenigen der völkischen Bewegung und des Nationalsozialismus unterscheidet; aktuelle Forschungsergebnisse werden nicht rezipiert, sondern althergebrachte Deutungsmuster bedient. Dabei ist die Vergangenheit Projektionsfläche für die gesellschaftlichen Vorstellungen der Anhänger extrem rechter Ideologien; hier sehen sie sowohl die ihnen als Idealzustand erscheinende Ordnung der Menschheit entlang von Rassen und Völkern als auch stereotype Geschlechterbilder erfüllt. Dem „nordisch-germanischen Menschen" wird dabei heroisches Kriegertum ebenso wie eine hehre arteigene Religion nachgesagt.

Innerhalb der Lebenswelten extrem rechter Jugendkulturen findet dieses Vergangenheitsbild in vielfältiger Weise Ausdruck und wird auch in Form von Symbolen nach außen kommuniziert.

Weiterführende Literatur

- Agentur für soziale Perspektiven e.V., Das Versteckspiel. Lifestyle, Symbole und Codes von Neonazis und extrem Rechten, Berlin 2013[13].
- Stefan von Huene, Odin statt Jesus? Zur Bedeutung von Religion für rechtsextremistische Ideologie, in: Evangelischer Pressedienst Frankfurt/Main (Hrsg.), EPD-Dokumentation 35 (2007), 23–28.
- Jan Raabe / Dana Schlegelmilch, Die rezente extreme Rechte und das Germanentum, in: Focke-Museum Bremen (Hrsg.), Graben für Germanien. Archäologie unterm Hakenkreuz, Begleitband zur gleichnamigen Ausstellung, Stuttgart 2013, 172–178.
- Dana Schlegelmilch, Ein produktiver SS-Mythos: Die Deutung der Wewelsburg in der extremen Rechten nach 1945, in: Jan Erik Schulte / Michael Wildt (Hrsg.), Die SS nach 1945 (= Schriften des Hannah-Arendt-Instituts Dresden), vorauss. Ende 2014.
- Heiko Steuer, Ur- und Frühgeschichte. Zeitgeist und Kontinuitäten, in: Heinrich Beck, Dieter Geuenich, Heiko Steuer, Dietrich Hakelberg (Hrsg.), Zur Geschichte der Gleichung „germanisch-deutsch". Sprache und Namen, Geschichte und Institutionen (= Reallexikon der Germanischen Altertumskunde Ergänzungsband 34) Berlin 2004, 357–502.
- Ingo Wiwjorra, Der Germanenmythos. Konstruktion einer Weltanschauung in der Altertumsforschung des 19. Jahrhunderts, Darmstadt 2006.